AF221386

© 2021 Christian Hofmann
Herstellung und Verlag:
BoD – Books on Demand, Norderstedt
ISBN: 978-3-7543-0114-2

Kapitel 1 – Zirkus des Wahnsinns

DER TOD

EIN TRAURIGER CLOWN

VERLORENES KIND

SCHMERZ & LEID

DER ZIRKUS DES WAHNSINNS

VERBRAUCHER-HELD

LICHTER IM NIEMANDSLAND

VERNEBELT

WIRTSCHAFTSUNTERNEHMEN

SCHLAFSTÖRUNG

HIRNLOSER SCHISS

DER TOD

In der Schwärze der Nacht
Wandelt er als Finsternis durch die Träume
Mit verbotenen Schlüsseln
Öffnet er die Türen, verwunschener Räume

Er sucht die Seelen auf
Dämonen und Flüche, sind sein Zuhaus
Wenn die Uhr am Glockenturm schlägt
So macht er sich auf – auf seinen Weg

So finster erscheint seine Gestalt
Er ist auf der Jagd und macht keinen Halt
Von so vielen Seelen hat er schon gezehrt
Die Dunkelheit, die seinen Hunger nährt

Furchtlos zieht er durch die Nächte
Mit der Sehnsucht auf Seelenjagd
Ein Mensch der um ihn weiß –
Sich kaum zu schlafen noch wagt

Er reitet durch seine Unsterblichkeit
Zeitlos und kein Weg ist ihm zu weit
Gewissen besitzt er nicht, zu keiner Zeit
Er bringt Trauer und stürzt uns ins Leid

Nichts ist ihm heilig, außer sein Trieb
Den er besonders in der Dunkelheit
verspürt
Er ist das Gegenteil vom Leben und –
Jeden von uns, hat er schon einmal berührt

EIN TRAURIGER CLOWN

Er zieht von Zelt zu Zelt
Reist von Stadt zu Stadt, rund um die Welt

Er trägt ein Lachen, setzt es auf
Zur Fassade, um der Kinder Willen
Weinen in aller Traurigkeit
Kann und darf er nur im Stillen

Er ist ein trauriger Clown
Mit einem Lächeln im Gesicht
Und unter seiner Schminke versteckt er –
Seine Tränen, unsichtbar, ganz heimlich

So ist das Zelt dann wieder leer
Und all die Besucher sind Zuhaus
So verschmiert nun seine Schminke
Durch seinen Tränenverlauf

Weiß und rot, gelb und blau
Traurigkeit, sie befällt den Clown
Seine Tränen ja sie fließen
Doch kein Besucher, kann die Wahrheit
anschau'n

Er träumt von seinem Zuhaus
Doch reist in die Welt hinaus
Seine Shows, den Kindern ein Lachen bringt
Während einsam er in Trauer versinkt

Und so trägt der Clown – sein Lächeln nicht
Nach jedem Ende, seiner Zirkusschicht

VERLORENES KIND

Wir wandeln durch die –
Schatten unserer Zeit
In Schwarz gekleidet was uns,
immer doch vereint

Unsere Träume – NEIN!
Sie raubt uns niemand
Und vergesse nicht, wie oft ich –
Schon mit dir vorm Abgrund stand

Unsere Träume, sie halten uns –
Dich und mich am Leben
Und auch nach so grauen Tagen
Es scheint die Sonne nach dem Regen

Nichts und niemand nimmt uns
Was wir in uns tragen
Was wir schützen, was uns leben lässt
Seit unseren schweren Kindertagen

Du vergisst mich nicht und ich –
Ich lasse dich nicht im Stich
Wir fallen und fliegen gemeinsam
Halten gemeinsam an unseren Träumen
fest

SCHMERZ & LEID

Schmerz und Leid
Der Neid gedeiht
Dies bringt die Moderne
Einer jeden neuen Zeit

Man will haben
Was man nicht hat
Man will mehr
Man wird nicht satt

Je mehr man hat, je mehr man will
Die Gier ist hungrig, sie hält nicht still

Messer und Gabel
Klopfen auf den Tisch
Das Kind, es spielt
Mit Schere und Licht

Alles brennt nieder
Nichts wird gelöscht
Herrlich schreit ein jeder wieder
„Ich bin da - ich komm' zuerst"!

Je mehr man hat, je mehr man will
Die Gier ist hungrig, sie hält nicht still
Je mehr man sieht, je mehr man braucht
Die Lunge der Welt, sie geht auf in Rauch

DER ZIRKUS DES WAHNSINNS

Hier ist der Zirkus des Wahnsinns
Der Rand vom Verstand
Hier explodieren die Gemüter
Alle Nerven liegen blank

Gewitterwetter
Donnerschlag
Der Zirkus des Wahnsinns
Er feiert den Eröffnungstag

Die Regierung führt Regie
Bauernopfer gibt's so viele wie nie
Impfung – haut die Spritzen rein
Wir wollen alle doch, so froh und munter
sein

Corona –
Ist die Spitze des Eisbergs
Virenexperten –
 Magier des Wunderwerks

Fantasie und Pandemie
Quantensprung und Anatomie
Atomphysik, Kernenergie
AKW – wem tut's schon weh!?

VERBRAUCHER-HELD

Assi-Leute, Drogen-Monkeys
Psychisch erkrankt, ganz stark labil
Die Industrie macht aus uns Zombies
Doch deren Lage ist sehr stabil

Fastfoodkette, Junkfood
Fingersnack
Koffeinkonsum-Überdosis, „Suff-Geist"
Promilleschreck

Immer rein und immer drauf
Leber und Lunge, sind sie noch wohlauf?
Die Industrie, sie feiert das große Geld
Missbraucht uns, als den Verbraucher-
Held

Zocken an der
Spielkonsole
Rauch mit Filter oder
Auch ohne

Verbraucher-Held
Auf des Konsums Feld
Was macht es schon –
Wenn einer von uns hier unten fällt!?

LICHTER IM NIEMANDSLAND

Am Ufer der Zeit
Wo die Träume entstehen
Dort wo die Traurigkeit vergeht
Ja, da ist mein Zuhaus

So fern und weit
Will ich gehen
Um dort zu sein und zu bleiben
Da male ich meine Träume aus

Lange Wege die ich gehe
Ich sortiere bis dorthin meine Seele

Bei jeder Depression –
Hilft immer die gute Portion -MUSIK-
Lass dich von ihr begleiten und los
Nimm sie deines Weges -MIT-

Gute Melodien
Die in die Herzen gehen
Gefühlte Zeilen
Die in der Lyrik stehen

Es sind Lichter im – Niemandsland
Sie sind der Trost, der einst gesandt
Gib der Stimme dein Gesicht
Erhelle die Dunkelheit mit deinem Licht

VERNEBELT

Nichts war geordnet
Nicht ist derzeit geregelt
Zukunft stetig ungewiss
Dazu die Sicht, stark vernebelt ist

Gefällt mir diese Welt?
Gefällt mir das Leben?
Mein großer Wunsch, es sei anders
Darum halte ich so stark dagegen

Ich verharre im Modus;
Nichts geht mehr rein
Nichts kommt mehr raus
Es setzt mir zu, also setze ich aus

Innerliche Unruhe
Wie ist der Plan, wo das Ziel!?
Habe nichts gewonnen
Doch verloren, dafür sehr viel

WIRTSCHAFTSUNTERNEHMEN

Auch Fußballvereine sie sind
Wirtschaftsunternehmen, es geht ums –
Schöne viele liebe Geld
Hier in diesem ganzen Leben!

Malochen, bluten und
Brav deine Steuern zahlen
Kreuzchen setzen bei den –
Perioden-Wahlen

Papst, Bischoff, Kardinal
Ministerpräsident – Politik
Alle brauchen deine Stimme
Doch geben auf dich einen Fick!

Kurzarbeit durchgezogen
Geld vom Arbeitsamt gibt's abzuholen
Leiharbeiter-Sklaven haben
Ausgelutscht und dann begraben!

Der Reichtum wird gefördert
Die Banken ihn verwalten
Die armen Bürger werden gemolken
Moderne Zeit, doch die Mittel sind die
alten!

SCHLAFSTÖRUNG

Aus freien Stücken
Meine Kunst hier präsentieren
Meine Geschichte
Lyrik – allesamt meine Gedichte

Besitze weder Rollen
Noch irgendein Schauspieltalent
Knallharte Wahrheit
Vollkommen und gar exzellent

Schläfen links nach rechts
Dauernd angespannt
Herzstechen, Brustschmerzen
Doch aber, schreibt meine Hand!

Schlafstörungen, Albträume
Augenmigräne
Gefühle im Chaos und
Gedankenfontäne

Abgrenzung fällt schwer
Atemnot, Atembeschwerden
Blockaden im Kopf
Blutdruckkarussell, antriebslos!

HIRNLOSER SCHISS

Medikamente, Pillen
Manipulationen
TV-Nachrichten
Ständige Hirntransfusionen!

Beeinflusst, therapiert
Senderhypnosen
Alkohol, Nikotin
Drogen und Spirituosen

Pharmazeutische Extrakte
Medienschiss, die ganz große Kacke
Blödsinn der Sonderklasse
Aber egal, immer hoch die Tasse!

Die Medien berichten
Sind stetig perfide und übertreiben
Nur wer den Shit gut verkauft
Wird am Markt auch bleiben!

Hirnloser Schiss
JA! Er wird gedruckt
Weil des Journalisten –
Pissblase wieder zuckt!

Die Welt am Abgrund
Seit schon so vielen Jahren
Doch alles scheißegal
Hauptsache die Ruhe bewahren!

immer zur gleichen Zeit
      kommt er vorbei von ganz weit
          der traurige Clown
          er reist von Stadt
            zu Stadt – so dass ihm,
                die Besucher zuschau'n

Kapitel 2 – Die Nervenheilanstalt

SPENDENAKTIONEN

DIE MACHER

NERVENHEILANSTALT

SCHEISSE FÄLLT VON OBEN

GEGEN DIESES „FUCKING DOWN"

IN MIR

KLAGE UND VORWURF

RICHTER UND DICHTER

KEIN WARMER TAG

STAATSTHEATER

IN ALLE GEFAHREN

SPENDENAKTIONEN

Rigoros
Gnadenlos
Welt am Abgrund
Todesstoß

Hauptsache aber doch;
Spendenaktionen
Spende Geld, spende Geld
Da fließt die Kohle!

Spende hier!
Spende da!
Sie fordern und rufen danach
„Wunderbar"

Spenden
Spendenkonto angegeben
Transferiert mal eben
Auf die Schnelle eure Knete!

Spenden hier und
Spenden da!
Wer profitiert denn,
von denen, wirklich da!?

DIE MACHER

Die Macher sie machen
Sie schmieren, manipulieren
Initiieren und inszenieren –
Sie lügen und betrügen und zensieren
Sie spielen mit uns allen
Mit so vielen
Sie verkaufen uns für dumm
Als würden wir es nicht kapieren

Die Wolken setzen sich
Ganz dicht vor das Mondlicht
Gedanken sind zerstreut
Gefühlswelle sie bricht

Denn ich mag sie nicht!
Nein! Ich mag sie nicht!

Falsch und mit jeglicher List
Wichtig zu wissen –
Wie man ihnen zu begegnen ist!
Nicht einmal die Natur,
lassen sie natürlich
Alles drückt, das Ertragen –
Es ist so schwerlich!

NERVENANSTALT

Das Gremium ganz oben
Es ist krank und auch kaputt!
Fäulnis der Zeit, sie macht keinen Halt!
Die ganze Welt eine; Nerven-Verweil-
Anstalt

Psychische Probleme
Ein ganz moderner Krieg!
Ohne Warnung und ohne Reden
Ich hab's durchschaut und auch kapiert!

Banken und Versicherungen
Sie wollen stets dein Bestes haben
Psychisch wirst du kaputtgemacht
Malochen und funktionieren aber –
Sollst du im Jahr an allen Tagen!

Die Schere der Gesellschaftsschichten
Klafft immer weiter auseinander
Niemand ist am Berichtigen!

Nervenheilanstalten sind die –
Arbeitsplätze, die dich tagtäglich doch
verwalten
Brot und Wasser, so dein Lohn!
Freiheit, Freizeit!? Nee! Kannst bei der
Arbeit wohn'

Modernstes Mittelalter
Alles ist anders und doch gleichgeblieben
Nur die Mittel besser
Technologisch ganz und gar so geil
betrieben!

SCHEISSE FÄLLT VON OBEN

Das Leben ist nicht leicht
Mancher Griff zu weit hoch
Wünsche werden niemals wahr
Das Leben ist kein Ponyhof!

Doch bei ihnen wird alles Gold
Was ihre Hände doch berühren
Weil sie dich als Löffel –
In tellervoller Suppe rühren!

Scheiße fällt vom Himmel
Das Geld bringt der Regen
Das sollst du so glauben!
Es bringe dir den wahren Segen!

Sie saufen Wein und
Sie fressen luxuriöse Kaviarplatten!
Für dich reicht bloß der Traubensaft
Und dazu vertrocknete Oblaten

Wasser für die Masse
Wein für den auserlesenen Kreis
Doch vergesse niemals –
Nur von dem Himmel fällt der Scheiß!

GEGEN DIESES „FUCKING DOWN"

Das hier ist der Weg – Vom Verzweifeln
Und der vom; Genie sein
Hier sind brennende Brücken
Eingestürzte Mauern aus Stein

Das ist Job-Rotation, hier drinnen –
In meinem Schädel
Wie ich bloß den Weg betrete
Die Chance nutze um endlich, das Gute
einzufädeln

Das ist bei allem, was du tust und
versuchst –
Dich nicht um den Verstand zu bringen
Um aus all dem Dreck und dem Scheiß
Endlich mal eine Lösung zu finden

Dies ist geschrieben, im Namen des
Widerstandes
Gegen die Depressionen im Innern
Gegen dieses „Fucking Down", trotz –
All dem Scheiß sich um das Leben zu
kümmern

Dies ist geschrieben um mich selbst –
Wieder auf die verdammten Füße zu
bringen
Denn bei allen Stürmen die toben und all
Den Winden die wehen und die Schiffe
die sinken

Das ist geschrieben für –
Um weiter ans Glück zu glauben
Was sie auch einem nehmen und
Um was sie einen auch verspotten und
berauben
Auf die Sterne die vom Himmel
schwinden
Im Sturzflug ins Meer krachen und darin
versinken
Wenn nichts und niemand mehr an dir
festhält
Dies hier ist die Bodenhaftung, die dich
feststellt!

Geschrieben für – Wenn alle Dämme
brechen
Für; Wenn echt nichts mehr geht
Und dir nichts bleibt
Wie ins ungewisse Meer zu stechen

Was war, was kommt – nur der Schatten,
er für alle Zeit doch bei dir bleibt

IN MIR

Es nagt in mir, an Herz und Seele
Von nun an bis ans Ende meiner Wege
Muss tun was ich nicht will –
So sind sie zufrieden, also halte die Füße
still!

Doch ich kann es nicht
Irgendwann kommt dann der Tag –
An dem breche ich aus dem Muster aus
Klarer Fall, es kommt der Tag!

Scherben habe ich längst verursacht
Es frisst mich auf
Kummer und Schmerz, den hält man im
Leben –
Doch nicht ewig aus!

Was soll ich tun, was kann ich machen!?
Ich lebe nun mal so, wie ich nun mal bin!
Aber ich bin der Fehler, das Blinken des
Errors!
Doch ich kriege mein Leben nicht anders
hin!

Und so habe ich ein Leben –

Welches ich doch niemals führen wollte
So bin ich mit mir am Hadern
Weil alles doch anders sein sollte!

KLAGE UND VORWURF (CORONA IMPFMURKS)

Es ist die Klage –
Die ich ausspreche
Doch es werden Vorwürfe;
Erhoben und laut
Es sträubt sich
Mir mein Gewissen
Wenn ich dem Impfszenario,
nur so zuschau'

Meine Texte und
All diese Zeilen
Provokant-kritisierend
Doch voll und ganz mein Eigen

Was hier so läuft
Seit vielen Stunden
Da sage ich:
„Wer scheiße arbeitet, braucht sich –
über Gestank nicht wundern"!
Lockdown, Lockdown „light"
Ausgangssperren, aber Hauptsache der
Rubel rollt
Fußballprofis reisen um die Welt –

TV-Shows laufen, sagt mir – was ich
davon halten soll!?
Die Glaubwürdigkeit sinkt immer mehr
Und gerät somit auch ins Wanken
Corona greift manch einem echt ans Hirn
–

Insofern vorhanden, dies sind meine
Gedanken!

RICHTER UND DICHTER

In freien Minuten
-Freigeist-
Denker und Dichter
In ruhigen Stunden
Schwere Zeit
Und so hart der Richter

Alles was mich –
Treibt und pusht
Nach oben katapultiert
Ist auch die Macht,
das Mittel –
was mich doch runterzieht!

Extrem
In die Richtung
Nach oben steigend
Ebenso extrem
Auch wieder –
Dem Beton zur Neige

Und alles vermischt sich

Und es kriegt dich
Und es nimmt dir und es macht dich
Mal groß und mal klein
Es ist dir, du bist es, es ist dein
Unbeschreiblich, alles in ei'm

KEIN WARMER TAG

Ein Kribbeln im Kopf
Zerrissenes Herz
Seelenleid, Wundenbrand
Tiefgehender Schmerz

Ich stecke so ganz fest
Hier drin in meiner Haut
Mehr als nur einen Weg
Habe ich bereits verbaut!

Heute ist es gar nicht warm
So kalt und auch so frisch –
Welch ein kühler Sommertag
So wie ich es gar nicht mag!

Und kein Grashalm –
Schießt und sprießt mehr aus dem Rasen
Welk und trocken geht's durch
Finstere und düstere Phasen

Die Nadel im Heuhaufen
Sie ist nicht zu finden

Für den Weg ins Paradies
So muss man das Leben überwinden

Ich sehe und verstehe nun
Zwei Arten von diesem Leben
Die Realität, welche hart gesät
Und das eigene Glück auf des Lebens
Wegen

STAATSTHEATER

Wir brauchen wieder –
Mehr Kindertheater als wie,
dieses dusselige und kriminelle
hochgestochene Staatstheater

Kinder –
Die Sachen machen
Und wirklich noch aus,
ihrem vollen Herzen lachen

Keine –
Kriminellen Banden,
die im Bundestag nur faxen machen
Kohle nehmen und die Sachen packen

Es sind wahre Gefechte
An den Fronten der Psyche
Keine leichte Sache
Musst dich schon drauf einlassen!

IN ALLE GEFAHREN

Es ist kein schönes
Wetter anzusehen
Pfützen füllt der Regen
Mit seinen Tränen

Der Himmel weint denn,
er sieht alles Geschehen
Leid und Trostlosigkeit,
er kann die Menschen nicht verstehen

Donner hallt, Blitze geladen –
Im Strom des Zorns
Unvernunft – es sticht in des Lebens Auge
Schmerzlich die Spitze des Dorns

Traurige Seelen
Sie bewohnen die Erde
Unheil und Tod
Verderb ist das große Erbe

Den Krieg pflegt –
Der Mensch hier zu wahren
Für Besitz und für Gold
Fürs Haben begibt er sich, in alle
Gefahren!

MR·X

Prototyp von der
Stange:
Unendlich ... ∞

JUSTICE!!

Nervenheilanstalt
KAPITEL 2

Bonusmaterial – Sammelwerk 2021

TEIL VON MIR

A STARTLING SIGN

EINEN TALER MEHR HAM`

UNTER STEINEN BEGRABEN

LIEDERMACHER-TEXT

COME ON! TELL ME!

GEFÜHLSLOS

DEPRESSIVER SCHUB

Teil von mir

Ein Teil von mir will gehen
Ein Teil von mir will bleiben
Kämpfe im Innern mit mir selbst
Darum bin ich mit der Welt am
Streiten

So wie ich war, so will ich –
Im Leben nicht mehr sein
Ich mach das Maul auf, habe was zu
sagen
Dieser Teil, er ist auch mein

Und dann die Momente –
Gefüllt mit guter Musik
Sie bringen mich ins Gleichgewicht
Ausgezeichnet – zurück!

Meine Meinung sie bleibt
Doch ich bin gelassen, ungemein
Musik mein Ruhepol – Gitarren
rasseln Die Stimme mal rau und mal
fein

A Startling Sign

Das erste Mal ist da Leere
Seitdem ich schreibe
Gedanken sie kreisen –
Gleiche Zeit, gleiches Leben
Alles doch gleich

Bis auf deine Töne
Dein Lächeln
Und deinem Versuch
Zu erzählen und zu sprechen

Gerade mal Tag eins
Gerade mal ein paar Stunden
Es wird ein seltsames Leben
Doch ich muss es verantworten!

*I remembered black skies
The lightning all around me
I remembered each flash
As time began to blur

*Like a startling sign
Fate had finaly found me
And your voice was all I heard

That I get what I derseve

*Give me a reason
To prove me wrong,
to wash this memory clean
Let the floods cross
The distance in your eye

*(Auszug von Linkin Park, New
Divide Song-Lyrics, ©2009)

*Einen Taler mehr ham'

Einen Taler mehr ham'
Ich will nur einen Taler mehr ham'
Einen Taler mehr ham'
Ich will nur einen Taler mehr ham'

Wenn du kein Geld haben, so zahl ma'
Wenn du nicht Geld hast, so zahl ma'
Und wenn du nichts verdienst, weil du bist –
In Quarantäna

Dein Konto es ist blanka,
hast Schulden und keinen Euro
Dein Konto es ist blanka,
hast Schulden und keinen Euro
Amigo, Leben in Scherbo, quer hängt da
mancher Friedo

Einen Taler mehr ham'
Ich will nur einen Taler mehr ham'
Einen Taler mehr ham'
Ich will nur einen Taler mehr ham'

Mir wird es langsam klaro, die Bank lebt von Kredito
Mir wird es langsam klaro, die Bank lebt von Kredito

Mir wird klar, hier ist's so! Bußgeld bis zum Horizonte
Am Arsch jo!

*Eine Parodie eines bekannten Liedes auf die Tatsache hin, kein Geld zu besitzen, weil Banken und Versicherungen dir dein BESTES nehmen und Mieten und Fixkosten auch nicht mit Luft und Liebe bezahlt werden...

Unter Steinen begraben

Ich war in meinem Leben
Unter vielen Steinen begraben
Trostlos und traurig, so fühlte ich mich
An so manchen Tagen

Kein Schimmer von Hoffnung
Kein Licht war in Sicht
Nur die Welle voll Trauer
In der Flut, die da bricht

Ich habe gelebt und gelernt
Habe gefühlt und entfernt
Mein Herz ergriffen vom Kummer
Still war der Schrei – nach Hilfe noch stummer!

Voller Mut und voller Angst auch zugleich
Fasste mir ein Herz und ich gab nicht auf
Wege verlassen und Wegkarten verloren
Sah stetig doch aber, zum Himmel hinauf

All die Meere überqueren
Die Flüsse und die Berge
Begreife und verstehe –
All des Lebens Wunderwerke!

Liedermacher-Text

Zwischen Kippenstummel
Und – dem Asphalt
Laufe ich auf dem Teer
Wo Unkraut wächst und wo liegt,
Dosenpfand
Es ist der Teil, ein Abschnitt
Meiner vielen, langen zurückgelegten Wege

Während im Blick nach vorn –
Zum Horizont die Zukunft doch beginnt
So liegt im Schatten hinter mir –
Die Vergangenheit, die –
Mit dem Laufe der Zeit verrinnt

Stationen und Belege
Werden alt, verblassen auf der Strecke –
Auf der Länge aller Wege
Etappe für Etappe, nichts bleibt gleich
Nichts so wie es ist – doch im Horizont die
Zukunft liegt, dies ist gewiss

Und so streichen und so weichen
Und so hüpfen und springen –
Wir mal laut und mal leise
Durch unsere Lebenszeit
Und in einhundert Jahr'n
Kräht nach uns, nicht mal mehr ein Hahn!

Es wird gelebt, ein Rang belegt
Erfolg und Sieg, auch der Ruhm vergeht
Aus Niederlagen sind wir gewachsen und
geworden wer wir sind – alles doch vergeht
Wird verweht, sowie jenes Blatt vom Wind

Come on! Tell me!

Tell me what guilt
You lay on me
Because I see,
the world the way I see

You can judge me
You can exclude me
You can shun me
You can pillory me

I will always see the world this way
No matter if I crawl or stand
And even if you put me in a cage
My mind is freer than my hand

Primitive life
By rules and orders
I will always be me
In me there are no borders

I see the world my way
I live this life my way!
I speak words of my kind
I live in the spotlight and not behind!

GEFÜHLSLOS

Das Texte-Schreiben
Es fällt mir doch wahrlich leicht
Und diese Zeilen mal singen
Darauf habe ich mich so gefreut

Und jetzt sitze ich hier
Es sind Zeilen auf Papier
Und jetzt bin ich hier
Und doch im Nirgendwo verloren

Wie transportiere ich
Denn bloß das ganze Gefühl
Durch diesen Track!?
Vom Anfang bis ans Ziel

Ich fühle mich gerade
So gefühlslos!
Auf diesen Moment doch so sehr gewartet
Jetzt geht's los!

Mich überkommt das Gefühl
Nix geht vor, nix zurück
Geglaubt an Traum und Ziel
Jetzt verlässt mich das Glück!

*Fazit: nach nicht gefundenem Stil und der
Stimme, sowie der Performance –*

Aller Anfang ist bekanntlich schwer!
Das Singen im Sinne vom Covern – ist leichter,
denn die eigene Emotion wird „abgeholt" und
durch diese Vertrautheit eines Songs, wird man
geführt wie an einem Leitfaden,
Christian Hofmann, 11.04.2021

DEPRESSIVER SCHUB

Dieser psychisch-depressive Schub –
Er trat auf, kurz nach der Überlegung
meiner Stilrichtung!
Nach der Suche und dem Sprachgesang

Die Stimmen, welche im Kopf da sagen;
WIRST DU NICHT!
SCHAFFST DU NICHT!
LASS ES!

Blockaden, plötzlich vermischt sich alles!
Aus nachfolgenden kleinen emotionalen
Begriffen…

Gewohnheitsmuster
Neuanfänge, wenn alles zu viel wird
Erfolgsdruck, bedingt um Geld zu
verdienen!
Verantwortung, Verpflichtung,
Anforderung

Keine klaren Strukturen bis dato im Leben
  - Immer alles genommen und
    akzeptiert wie es eben kam!

- Angst vor Abneigung und vor Ausgrenzung!

Angst
Selbstbewusstsein in Kritik
Überforderung
Panik

Physische Einschränkungen
Bronchial-Asthma
Kopfschwere und Schmerzen
Entzündete Atemwegsbeschwerden

Erschwerte Konzentration auf eine einzige Sache bzw. einen einzigen Moment!

Ich erkenne und verstehe das Problem meiner Blockade – aus ihrem Ursprung heraus
KEIN BEGINN!
KEIN ERFOLGSERLEBNIS!
KEINE WERTSCHÄTZUNG!
KEIN LOB – SO WIE KEINE ANERKENNUNG!

Dies sind die Gründe meiner mehr als 1000 Neubeginne und den damit

verbundenen Abbrüchen und
Fluktuationen!

Idee → Wille, Überzeugung → Umsetzung
→
Schwierigkeit ← Zweifel, Angst ←
Abbruch

Mein verdammter Teufelskreis, sogar bei
meinem gewünschten Traum und Ziel –
pfuscht mir meine Psyche rein!

Dennoch bleibe ich dabei, ich versuche
nach diesem 30. Buch – mich am
Sprachgesang

In sage und schreibe, 30 Büchern meiner –
ENTGEGEN DER ZEIT REIHE – habe ich
Situationen, Emotionen, Gefühle,
Momente verfasst und gedichtet.

Jetzt wird es Zeit, die Stimme zu
erheben!!!

Der Autor Christian Hofmann, geb. 5.3.1986 in Biedenkopf bei Marburg, hat während seiner gesammelten literarischen Werke – welche in der ENTGEGEN DER ZEIT-Reihe publiziert werden, etliche Höhen und Tiefen durchlebt.

Er selbst nennt sich einen Gesellschaftskritiker, Themen welche er beschreibt und behandelt, sind aus dem Leben und auch seinem eigenen Leben.

Ganz klar und zum Großteil, verarbeitet er depressive Momente, negative Erlebnisse –

versucht aber auch positive Aspekte und Texte an seine Lesegemeinde zu bringen.

Sein größtes und primäres Ziel war und ist immer –

MENSCHEN ZU ERREICHEN,
MENSCHEN ZUM NACHDENKEN
ANREGEN –

Er möchte den Menschen egal in welcher Lebenslage diese sich auch befinden, zeigen – dass man niemals allein ist, auch wenn man dies so oft zu glauben scheint!

Wie das Vöglein *(Text Christian Hofmann, Liedermachertext, 12.04.2021)*

Es sind die Berge, Flüsse
Täler und die Seen
Es ist die Reise eines Reisenden
In Bewegung, er bleibt nicht stehen
Ist es doch und bleibt es auch
Die Frage aller Fragen –
Die man hat, ohne jedoch,
die Antwort zu erfahren

Unsere Lebenslinie ist nichts als –
Eine Spanne unserer Zeit
Alles kommt und alles geht
Es ist ein Weg der Vergänglichkeit
Der Besitz ist geliehen
Auf Lebenszeit – geliehen
So wie die Wolken die nicht standhaft sind
Sondern immer weiterziehen
Und wie das Vöglein doch,
das Nest erbaut
Für seine Jungen die da schlüpfen
In noch so junger Haut

Und so will ich mich doch – nicht,
an diese Welt gewöhnen
Doch es sind die Menschen, die sagen
Und ich, ja – ich höre…
…Man lebt nur einmal
Und so suche ich den Sinn, den Zweck
Das Geheimnis dieses Lebens
Wo ist es nur versteckt!?
…Man lebt nur einmal
Lebe jeden Tag, als ob es dein letzter wär'
Wie oft habe ich dies schon gehört!?
Ich zähle es schon gar nicht mehr!

Und das Leben es rauscht
Im Fluss der Zeit
Alles kommt, alles geht
Nichts, was auch nur auf ewig bleibt!?
Dies ist der Text eines
Liedermachers
Über die Gesellschaft dieser Welt
Und seiner Widersacher

Die Reihe „Kurzer" *(Text Christian Hofmann, Kneipentext, 12.04.2021)*

Neulich in der Kneipe
An dem Eckhaus, an der Bar
Da ist etwas geschehen
Und ich erzähle was dort war
Am Tresen standen
In einer Reihe, Barhocker
Zum Heavy-Metal-Sound groovten
Die gutaufgelegten Hardrocker!
Und nach gar nicht
Allzu langer, langer Zeit
Wurde aus Schüchternheit
Doch, Geselligkeit
Die Nacht war lang
Die Reihe „Kurzer" kurz
Ein jener war betroffen
Denn er war, sturzbesoffen
Das klingt hier so scherzhaft,
was ich schreibe und reime, ja!?
Aus Spaß, aber wurde Ernst –
Es war schmerzhaft, wahr!
Was lernen wir daraus?
Suff bis zur Besinnungslosigkeit –
Er tut niemals gut,
sei gewiss, zu keiner Zeit!

Psychgedicht *(Text Christian Hofmann, Liedermachertext, 12.04.2021)*

Mein Kopfgefühl es gleicht
Einem kalten Wintermärz
Der Druck er steigt, es drückt –
Mein Schläfenschmerz
Nervenstränge scheinen beschädigt zu sein
Herzensschläge pochen, unreguliert – wild
und frei – ungereimt

Gedanken sie poltern
Ungehalten – sind sie am Stolpern
Alles fällt aus Reih' und Glied
Fühlbar nur in mir, was da geschieht

Für mich ist die Sprache
Nicht nur Form von Kunst
Auch Verarbeitung von Schmerz
Therapie und Leid-Auskunft
Der Versuch dieser Reime, ist die Befreiung
meines Geistes
Schreibtherapie – was ich tue, ja, so heißt dies

Hier kämpft und streitet
Weil es schmerzt und leidet
Das Kunstniveau vs.
Dem Depressions-K.O.

Die Feder des Füllers, sie schwingt übers Blatt
Berichtet und verfasst, was sie zu erfassen hat

ich wusste doch wie gut es tut
Gut! Ja, das tut's –
Schreibtherapie
Back to the roots

Schalldichte in einem Raum
Bin ich erwacht aus einem Traum!?
In diesen vier Wänden doch, -
Ist es dunkel und so still
Die Augen habe ich geschlossen und in
meinem Schädel
Da poltert es und scheppert es, so dermaßen
drin!

Geboren zum Schreiben,
um mit der Musik zu leben
Um in Versen zu sprechen,
um der Welt etwas zu geben

entgegen der zeit

alletmöschliche

2006
Beginn des Schreibens in Form von Tagebuch/Kurzgedichte
2009
Verfassen von Songtexten (Songwriting)

2015
Bühnenpremiere im Kulturzentrum KFZ, Marburg
2018
Bühnenauftritte im Kulturzentrum Waggonhallen, Marburg
Bühnenauftritte im ev. Jugendhaus Compass, Marburg

2019
Erstes Buch veröffentlicht via Selfpublishing
Buchmesse Frankfurt am Main
Auftritt bei „Kleine Bühne", Gießen

2019 – 2021
Teilnahme an Lyrikwettbewerben
2020
Auftritt bei Kultur mobil, Marburg
Widmungen verfasst

2021
Umfang der Buchreihe aktuell 30 Bände, 2 E-Book Formate
2021
Beginn von Vertonung und Audioaufnahmen
Sprachgesang

2021
Sammelwerk -Allesmögliche- (alletmöschliche)

Inhaltsverzeichnis Bonus +++

13.04.2021 © Christian Hofmann,
Entgegen der Zeit – Alletmöschliche

ABENDS GLÄNZE ICH AUF

13.04.2021 © Christian Hofmann, EDZ

Ich liege wach, bis spät in die Nacht
Und fallen auch mal die Augen zu
So ist in noch späterer Nacht
Wenn ich wieder erwach, die Nachtruhe tabu!

Es sind Gedanken
Sie zermürben, Gedanken sie quälen
Doch ich kann weder – den Kopf,
noch die Gedanken leiser stellen, oder sie
irgendwie abwählen

Morgens bin ich dann immer so –
Endlos müde, erschöpft und matt
Abends glänze ich auf, in der Nacht dann,
beschreibe ich das Blatt

Und am Morgen, dann in der Früh
Saugt es mich auf, wie die Tinte auf Papier
So geht es Abend für Abend, Nacht für Nacht
Wie ich es beschreibe, verfasst in den Zeilen
hier

Zwischen Ironie… lustig sein, Ernst –
Schlafmangel, Schlaflosigkeit …und Sarkasmus
Am Fenster wandelt die Schlafzeit vorbei
Und im Halbschlaf, so zieht die Nacht – bye, bye

GEGEN JEDEN WIDERSTAND

13.04.2021 © Christian Hofmann, EDZ

Alles was ich wollte im Leben, hab' ich nicht
erreicht
Dies ist die Wut und der Frust –
Doch spendet auch Mut und Lust,
Kampfbereitschaft zugleich

Stimmen die da sagten, voller Überzeugung
Bist Nichts! Kannst nichts! Wirst Nichts!
Sie wussten gar nix!
Doch sie meinten, sie wüssten's!

Gutgläubig, traurig, naiv –
So glaubte ich traurig und bedauerlich
Und somit nicht verwunderlich,
warum mein Weg bis heute, hierher – genau, so
verlief!

So! Heute und hier;
Zwei Berufe gelernt und ICH begreife diese Welt
Doch gestalte ich sie, wie sie mir gefällt!
Erbaut mit eig'nem Geist, eig'ner Hand
Nach Überlegung – Bin wie in einer Bewegung,
in meiner! „Gegen jeden Widerstand"

Momentan bin ich wieder auf der
Selbstreflexions-Spur
Entdecke Details und Knoten, begreife und löse
Auch wieder Verstrickungen auf dieser Tour!

Ich kann wirklich, nichts mehr hören!
Weil ich selbst so viel zu sagen habe
All die Last des Gepäcks der vielen Jahre
Welches ich auf Buckel und Seele trage!

Und ich kann's nicht mehr hören, dieses;
„Sei doch mal fröhlich"
„Mensch, lach doch mal"
„Trag nicht immer schwarz –
Es ist trostlos und so schal"!

Jeden Tag diese freundliche, gespielte
Heuchelei
Verwaschen, verranzt, ausgefranzt, verblasst!
Und doch so vornehm und fein!
Aufgesetztes Lachen, ein gespieltes Grinsen –
MIR kommt das Kotzen, allgemein!!!

PULVERFASS

14.04.2021 © Christian Hofmann, EDZ

Meine Augen – Ich habe Druck auf meinen
Augen
Meine Sehnerven schmerzen sehr
Was soll aus mir noch werden, außer den
Untergang –
Sehe ich nichts mehr!

Ich sehe nur noch Kosten
Höre nur noch „Bezahle Geld"!
Doch Geld bekomme ich nicht zu sehen
Die Menschen, sie sind der Abfall dieser Welt!

Sie wollen dich zerquetschen
Alles aus dir pressen
Zuckerwasser bekommst du billig!
Trocken Brot, darfst du gerne fressen!

Diese Gesellschaft ist mir
Ein Dorn – im Auge
Und ich bekomme Zorn
Dies könnt ihr mich glauben

Diese Welt bringt mich zum Kotzen
Stimuliert gar sehr den Hass
Ich betrete nun das Minenfeld
Und ich setze mich aufs Pulverfass!

Ich hasse diese Menschheit
Und das Ganze mit anzusehen
Die Betrüger und die Gauner, die –
Im politischen Tempel die Positionen stehlen!

Es wird gebeten zum Mittagstisch
Servierte Lügen, sie sind recht frisch
Stopft die Mäuler, fresst euch satt
Glaubt die Lügen, dem – Täglich Blatt –

ANDERS

14.04.2021 © Christian Hofmann, EDZ

Ich schreibe diese Zeilen
Denn ich habe viel Leid zur Plage
„Damit kannst du kein Geld verdienen" –
Höre ich sie reden und auch sagen

Doch wer sagt hier, dass es denn
Ums Geld nur geht!?
Es ist meine Gesundheit
Die ihr aber nicht fühlt und seht!

Refrain;
Ich bin anders, als andere es sind
Dahinter setze ich ein Häkchen, korrekt! Es stimmt
Und wie andere, so wollte und will ich nie sein und werden
So formatiert, genormt – leben bis zum Sterben!
Nein! Dies ist nicht die Vorstellung von meinem Leben
So soll's wahrlich doch nicht sein!
Ich habe Druck im Hin-ter-kopf!
Ich habe Druck im Hin-ter-kopf!

Ich will leben, nicht funktionieren
Ich will fühlen, nicht produzieren
Ich will Gefühle – nicht stornieren
Es wird Zeit für euch es zu kapieren!

Eure gesellschaftliche Norm
Und die Gier nach Profit
Möget ihr bekommen was ihr kriegt
Und dass ihr, daran doch erstickt!

DURCHS LEBEN

14.04.2021 © Christian Hofmann, EDZ

Herrlich und fein –
Soll's doch unbeschwerlich sein,
dein Leben – dein ganzer Weg
So wünsch ich's dir, dass leicht er sich doch
geht

Liebe und Zuversicht
Dass die Sonne dir bringt, Wärme und Licht
Bei jedem deiner Schritte
An jedem Rande und in jeder Mitte

Alles erdenklich Gute wünsche ich dir
Dass dein Freund wird, diese schöne bunte Welt
hier
Dass Sterne dich begleiten –
Die nahen, die fernen, auch die scheinbar
endlos weiten

Ich habe dich so gern mein Kind
Ich liebe dich, würde dich doch gern –
Durchs Leben tragen

Doch eines Tages gehst du allein die Wege
Diese Zeit noch fern, doch feststeht schon –
Der Zeitpunkt dieser Tage

KRITZELN

14.04.2021 © Christian Hofmann, EDZ

Ich muss schreiben
Buchstaben aneinanderreihen
In Reim und Zeile, in Vers und Strophe
Ihnen doch Form und Struktur verleihen

Ich muss Worte dichten
Jede Zeile einfach sprechen lassen
Den Tatbestand in Lyrik, majestätisch –
Artgerecht im Stil verfassen

Beim schönen Wetter
Unter freiem Himmel sitzen
Schreiben, formulieren
Mit der Tinte über den Zettel kritzeln

Die Sprache wahrlich doch
Werkzeug zu meiner Hand
Berufung Autor und Dichter sein
In Stadt, am Fluss, an Land

Meine Heimat gebettet im Alphabet
Ich danke Gott, schreibe mein Gebet
Sei gnädig, schenk mir noch zum Texten, Zeit
Für Schriftstücke bis in alle Ewigkeit

ÜBERS SCHÖNE LIEBE GELD

14.04.2021 © Christian Hofmann, EDZ

Ist es nicht, gar – so im Leben
Wer viel Geld verdient, hat keine Zeit
Es auszugeben!?

Und wer kein Geld besitzt,
der hat doch wahr –
Zeit, zu leben

Das Mittelmaß, ist doch sehr recht
Aber daran scheitert es doch, wahrlich echt!
Wer Arbeit hat, der bekommt hinzu!
Wer Geld nicht hat, der schaut allem zu!

Ein buntes Treiben, ein Händereiben
Kontoauszug und Portmonee
Würde Geld doch fallen wie –
Regen, Blätter im Wind, oder der Schnee

Verteilt auch, gleich und gerecht
Wäre das nicht schön, mal ganz echt!?

So sitze ich hier und trage zusammen
All die Gedanken übers schöne liebe Geld
Wahrlich um das Mittel, worum sich –
Doch nur dreht, diese ganze Welt!

GESCHENK

14.04.2021 © Christian Hofmann, EDZ

Beim Schreiben spüre ich regelrecht
Lebensnah und wahrhaft echt
Wie die Rollen in mir, sich doch teilen
Es spricht der Vater, Kritiker, das eigene Kind in mir –
Sie teilen sich zusammen, diese Zeilen

Der Vater, der sein Kind so sehr liebt
Er alles Gute wünscht, was es nur gibt
Der Kritiker, oder auch Tod genannt,
der provokant, jeden Bogen überspannt!

Das eigene Kind in mir
Es möchte träumen, leben, und zwar hier

In den Worten aller Zeilen
Bin ich Christian mich am Teilen
Und letzten Endes doch,
auch wieder am Vereinen

Schreibtherapie
Ganz klar am Betreiben
Allen Rollen,
biete ich den Platz zum Schreiben!

Alles was mich quält,
überfordert und beengt
Bekommt auf dem Papier
Von mir den Platz geschenkt!

Zitat, zum Beginn der Bücher…

„Wäre an Stelle des Schreibens, das Trinken mein Leben, so wäre mein Leben das reinste Delirium"

Christian Hofmann

Buchautor I Marburg an der Lahn

Gesichtsoption

Sing' ich, lach' ich, schrei' ich
Bin ich glücklich oder traurig
Man erkennt's im Ausdruck
Einer jeden Emotion

Ob beruflich und geschäftlich
In der Freizeit, nebensächlich
Ich kontrolliere und bestimme –
Meine Gesichtsoption

In der Geselligkeit
Einig und miteinander
In Gesellschaft oder nicht
Gesichtsoption doch wählbar ist

Lach' ich oder wein' ich
Denk ich' oder schreib' ich
Gesichtsoption und Emotion
Vereint und doch nicht einig

Emotionen zeigen ist –
So manches Mal nicht angebracht
Fachlich, sachlich,
ist dann besser angedacht

Tränen, Grinsen, Zwinkern
In einer Dauer lachen
Emotionen, sie verraten
Was die Dinge mit uns machen

Innenhaut

Der Regen fällt
Die Kälte sie schweigt
Verzweiflung die –
Über den Kopf mir steigt

Das Problem
Es hängt fest am Kragen
An der Kleidung –
Die ich gerade trage

Gedanken eingraviert
In meinem Hirnverlauf
Wie tätowiert,
an meiner Innenhaut

So wachsen Sorgen –
Wie das Gras
Wo begann es,
wo doch ein Fehler lag!?
Und der Regen fällt
Die Kälte schweigt
Kein Bild, das mir –
Auch nur eine Farbe zeigt

Trostloses Grau
Vermischt mit schwarzer Nacht
Ich wandele im Schlaf
Wenn der Tag erwacht

Tinte möchte' spucken

Dinge beschreiben
Sie festhalten in Reimen
Meine Art, ganz eigen
Fertiggestellt, dann zeigen

Präsentieren, vorlesen
Im Buchformat sie drucken
Gedanken, sie würfeln –
Die Tinte möchte spucken

Ob im Einklang
Oder erst im zweiten Gang
Schreiben und dichten
Möcht' ich ein Leben lang

Die Gedanken
Von Kopf zu Papier transferieren
Vom Papier zu euch –
So will ich sie transportieren

Des Autors Werk
Des Dichters Gedichte
Aus dem Leben, dem Moment
Frisch verfasste wahre Geschichte

Distanz und Nähe
Spiel, zwischen den Zeilen
Für immer doch den Moment –
Vom Hier und Jetzt beschreiben

Weltpolitik

Nur das Geld es zählt
Von Moral sind wir weit entfernt
Menschlichkeit und Sozialverhalten
Lange doch, diesen Wert verlernt!

Zahlen, Statistiken, Rechnung
Belege, Quittung, Dichtung
Formularantrag, es zählt –
Doch nur ein produktiver Tag!

Arbeitslos zu sein
Schande!
Gegen alles, gegen jeden
Feind im Lande!

Politik –
Ein wahrer Arschfick!
Die Wirtschaft –
Bombe tickt!

Bilanzen der Finanzen
Gesellschaftsnormen
Überschüssig, festgespannt –
In Kontur und allen Formen

Qualität nur ein Begriff
Quantität; Menschenmasse
Mensch wird verheizt –
Spitze in der Extraklasse!

Zukunftsmelodie

Wie die Knospe –
Einer Blume doch blüht
Erdball der vom
Müll und Dreck als Feuer glüht
Meere, Flüsse, Seen
Waren einmal herrlich anzusehen
Giftstoffe und Plastikflaschen
Meerestiere verenden und vergehen

Computer-animierte Stimmen
Die uns so wunderbar –
Und einfühlsam doch,
gute Nacht-Liedchen singen!
Knopfdruckbestellung
So herrlich, wunderbar!
Der Mensch nicht mehr weiß –
Wie schön einst Leben war!

Immer weiter, besser, höher
Selbstverständlich schneller!
Protzen mit einem dicken Schlitten!
Dafür leben in einem Keller!
Früher galt die Menschlichkeit
Und einst mal die Sozialverträglichkeit
Knete, Kohle, Zaster, alles nur noch –
Online-Digital, willkommen im Desaster

Moderne Welt
Sie macht der Menschen Welt im Nu platt!
In Jahren mal vielleicht, begreifen wir
Was man an der Welt doch hatte!

Schreibworkshop

Nach dem Entstehen
Beginnt das Vergehen
Während dem Weitergehen, -
ist der Vorgang, den wir sehen

Das Gehen, es beginnt
Nachdem Stehen – bleiben
So wie die Wellen,
über all die Meere treiben

Ebbe und Flut
Steppe, Sand und Feuerglut
Hin und her, Gedanken-schwer
Feuer brennt, es löscht die Feuerwehr

Hopfen und Malz
Tropfen vom Trockenen
Salz im Schmalz
Ring am Finger, Kette um den Hals

Weit entfernt
Mit der Zeit verlernt
Losgelegt, ab die Post!
Groß bewegt, leichte Kost!

Jep!

Das hier is' wieder'n Stück
Was sich alles dran setzt
Mit jeder Zeile, mit dem Wort
Dass sich mein literarischer Werdegang
fortsetzt!

Die böse Zeit
Sie ballert mir, ganz frech die Tage weg
Ungeniert – geleert,
wie die Flaschen Whiskey eines Alkis, jep!
Diese Welt ist am Abgrund
Wirklich am Arsch!
Das nächste Donnerwetter –
Es ist schon im Anmarsch

Viele haben echt –
„Den Arsch offen"!
Sitzen selbst im Trockenen
Und sind nicht betroffen!

Immer nur und stetig
Die Anderen machen lassen
Man! Wie ich doch –
Diese „Ficker-Typen" hasse!

Will nie so sein und werden
So, wie sie es sind!
Vielleicht bin ich bloß
Nur'ne Stimme im Wind
Doch meine Zeilen, sie hallen nach!
Ich bin mir sicher, dem Ganzen wohlgesinnt!

Gib ma' Blatt Papier

Schreibtherapie is' so –
Gib ma' Blatt Papier
Un' ich schreibe drauf los
Ohne zu denken, boah man, was schreib' ich
jetz' bloß

In meim' Kopf, da läuft ein Beat
Un' auf der Straße, da fährt 'n Laster
Ich schreib' die Lyrics zu'nem Lied
Moment ma', hier fällt was aus'm Raster

Ich bin mitten in'nem Flow
So wie, „los geh' bei grün"
Un' ich sehe – wouh!
Wie die Wolken, Muster am Himmel zieh'n

Ich liebe wirklich die Sprache
Un' ich lebe jedes Wort
Ich tret' von der Stelle un'
Ich reis' zum nächsten Ort

Die Sätze die ich schreib'
Ergeb'n nich' alle'n Sinn
Doch das is' egal, denn –
Weil ich im Flow drin bin

In der Wüste da is' heiß der Sand
Pyramiden un' Tempelstätte
Eine Hand wäscht die and're Hand
Man du setzt den Karren an die Wand

Un' was soll ich sag'n, all ihr lieb'n Leut - So wie ich hier schreib', yeah! Geht's mia nich' nur eben ma' heut!

A-S-D-F

Statt Munition
Kommunikation! A-S-D-F-J-K-L-Ö
Sprechen die gleiche Sprache
Ach, guck an! Ist das nicht schön!?

Selbst mit kleinen
-Felehrn-
Gehört, (un)verstanden
Wird doch jeder!?

Scheiß auf das WENN
Spar doch mal das ABER
Denk mal nach, ohne das,
RHARBARBER-GELABER

An der Stelle, von all –
Den scharfen Klingen
Spielen, hüpfen
Und auch springen!

Die Erde endlich
Doch wieder lieben schätzen
Wunden heilen lassen
Statt noch tiefer zu verletzen!

Gebete sprechen
Und sie auch ehrlich meinen
Die Welt ersäuft in Tränen
Zeit für Freude, hört auf zu weinen!

Schlaf in Traurigkeit

Mein Schlaf
Er liegt in Traurigkeit
Meine Tage
Sie erstrahlen voller Dunkelheit

Träume und Gefühle
Liegen schwer begraben
Gezeichnet und geschunden
Trage all des Lebens Narben

So wach ich –
In tiefer Nacht, in jeder
Und am Tag da träume ich
Ein anderes Leben

Oft und lange bin ich
Abseits und fern jeglicher Realität
Weil man so den Druck, die Last –
Auch den Schmerz besser doch erträgt

Immer und immer wieder
Trage ich diese Steine
Immer und immer wieder
Verfasse ich solche Zeilen

Lachen und glücklich sein
Es fällt mir so schwer
Mein Herz trägt Kummer
Und die Schmerzen meiner Seele, sie pochen
sehr

Ausgerechnet ich

Es ist schwer und erdrückend
Jeden Tag diese Last zu tragen
Und dem bewusst sein –
Diese Schuld an dem zu haben
Ausgerechnet ich, der der für Liebe und Frieden
ist
Ausgerechnet ich krieg es nicht auf die Reihe
Und da helfen weder Tränen oder noch ein –
„BITTE VERZEIZEIHE"!
Ich wollte niemals –
Diesen Schmerz verursachen
Und mich dann einfach so,
aus dem Staub machen!
Ich wollte auch keine –
Trauer hinterlassen!
Jetzt muss ich mit all dem leben
Auch mit dem Gefühl, mich selbst dafür zu
hassen!
Jetzt schaue ich auf mein Erbe
Glassplitter und scharfe Scherbe
Auf dass ich im Leben,
nicht mehr glücklich werde!

Ich glaube es kommt der Tag, an dem man alles
bereut
Es gibt kein Entrinnen vor dieser Zeit
Wenn die Wolken brennen, kannst du dich
nicht mehr verstecken, es gibt keine Rettung,
bis alles sein Ende findet
Doch wenn der Himmel im Rauch versinkt
Wenn jede Hoffnung in Flammen erstickt

So wird man schreien und weinen, für alle
Fehlschläge und für das, woran man gescheitert
ist
Wenn du alt und weise bist, dann es ist zu spät!

Krank und müd'

Immer die gleichen Wege
Immer die gleichen nehmen
Künstler sein und werden
Um zu leben muss man sterben!?

Noch jung und
Dem Applaus, dem Klatschen verfallen!?
Dieser Sucht, diesem Rausch –
Bittersüß, so verlockend diese Fallen!

All meine Rockikonen
Meine Künstleridole
Opfer alle doch erbracht
Bis in alle Tage doch, traurig gemacht!?

Was suche ich selbst?
Beim Scheiben, beim Mitteilen wollen
Wo ist der Sinn des Ganzen?
Man fällt auf die Nase, wenn Steine erst einst
rollen

Doch das Schreiben
Es ist doch meine Medizin
Mein Glücksmittel, wenn graue Wolken
In meinen blauen Himmel ziehen!

Bin ich traurig?
Bin ich melancholisch?
Einfach nur krank und müd'!?
Ich begreife es nicht!

Mein Gefühl

Ich halte es mit meinem Kopf
Nicht mehr aus!
Er denkt, er rennt, er ist in Rotation
Und dies permanent!

Pausen gibt er mir
Zu selten nur
Zu bändigen schwer, geht echt nur
In der Natur!

Er denkt, er bastelt,
täuscht und erfindet
Er malt Bilder aus
Und er schwindelt!

An manchen Tagen
Ist er gemein, mir zu viel!
Und bin ich unten, dann –
Drückt er noch tiefer mein Gefühl!

Verstehen kann dies niemand,
der es selbst nicht hat oder kennt
Seele beklemmt, im Herzen –
Dort ein Feuer brennt

Es nimmt mir den Atem
Denn er stockt!
Freiheit und losreisen, dies geht
Mit Metal-Sound und Rock!

Auch nicht 3 Promille

Der Tisch gedeckt, Gläser gefüllt
Doch mein Tag ist so leer
50 Flaschen Sekt, Jackpot geknackt
Alles scheint nahezu perfekt!
Doch die Last –
Auf meinen Schultern lastet sehr
Probiere doch mal wie bitter,
mein verdammtes Leben schmeckt!

Vielleicht das Konto voll mit Kohle
Bestens vorgesorgt
Doch die Hölle, die in dir ist –
Du fliehst nicht von diesem Ort!
Da nutzt dir keine „Mille" was,
auf deinem Konto
Dann bist du wieder,
beim puncto;

„Wo steckt hier der Lebenssinn"!?
„Wage ich den Neubeginn"!?
Stecken doch in meinen Fragen,
insgeheim die Antworten drin!?

Und alles ist so leer, leer, leer
Nur was man nicht hat, dies vermisst man so
sehr!
Man! Verdammt! Warum mache ich mir –
Mein Leben immer so schwer, schwer, schwer!?

Der Plan ist mir entfallen, mein Zug auf der
Strecke;

-Ohne Wiederkehr-
Ich könnte schreiben ohne Ende, weil ich leide
Und es keinen Platz gibt, an dem ich wende!

Immer wieder, Warum!?

Ich bin scheinbar krank
Auf eine gewisse Art und Weise
Und dies macht mich kaputt!
Weil ich es spüre, weil ich es begreife!

Ich bin wirklich, oft und viel –
Beschäftigt mit mir selbst!
Warum habe ich die Angst, dass das
Heft mir aus den Händen fällt!?

Warum habe ich so oft
Hass und Frust auf diese Welt?
Und warum das Gefühl,
dass hier nix beisammenhält!

Warum bin ich so extrem –
Gegen jeden Schein
Gegen das Fälschlich-Sein
Und der Welt nicht wahres Sein

Warum, bin ich wie ich bin?
Warum kann ich nicht betrügen?
Warum, all die Menschen nicht belügen?
So wie Personaldienstleister es tagtäglich
ausüben!?

Vergleich dich nicht mit mir!
Denn für mich – sprechen all diese Zeilen hier!
Du gehst auf den Strich!
Damit meine ich nicht – den vom Kuli auf
Papier!!!

Billig-Einkauf!

Ich mag euch nicht
Ihr Möchtegern Party-People
Ihr seid ärmer als ein Arm-a- Get on
Mo-ritz! No Fun!

Ich wäre nicht professionell
Hast du mal zu mir gesagt
Boah ey, weißte was man!
Ich habe 30 Bücher, weil ich was leisten kann!

Und mir ist eigentlich auch echt,
was du so treibst und nicht kannst so scheißegal
Aber irgendwie gehst du mir gerade durch den
Kopf
Also baller ich dir diese Zeilen, siehst du, liest
du, klar!

Einige Jahre ist es jetzt her
Von der Bühne bis in dieses Buch, an diese
Stelle hier!
Ich schreibe, ich mach Reime im wahren Rausch
Du machst deinen nächsten Billig-Einkauf!